Las mascotas de mi casa

Las tortugas

Jennifer Blizin Gillis

Traducción de Paul Osborn

Heinemann Library

Chicago, Illinois

Page Layout by Kim Kovalick, Heinemann Library
Printed and bound in China by South China Printing Company Limited
Photo research by Heather Sabel

08 07 06 05 04
10 9 8 7 6 5 4 3 2 1

Library of Congress Cataloging-in-Publication Data

Gillis, Jennifer Blizin, 1950-
[Turtle. Spanish]
Las totugas / Jennifer Blizin Gillis.
   p. cm. -- (Pets at my house)
Includes index.
ISBN 1-4034-6036-1 (hardcover), 1-4034-6043-4(pbk.)
1. Turtles as pets--Painted turtle--Juvenile literature. I. Title.
SF459.T8.G56818 2004
636.3'92--dc22

                              2004054397

Acknowledgments
The author and publishers are grateful to the following for permission to reproduce copyright material:

Cover photograph by Lisa Loucks Christenson/www.i-Lisa.com

p. 4 Heinemann Library; p. 5 Darrell Gulin/Corbis; p. 6 Sean O'Neill; pp. 7, 12, 13, 16, 17, 21 L.C. Dove; p. 8 Ricardo Funari/BrazilPhotos; pp. 9, 11, 14, 19, 20, 22 Lisa Loucks Christenson/www.i-Lisa.com; p. 10 Ted Rose/Unicorn Stock Photos; p. 15 Photodisc/Getty Images; p. 18 Heinemann Library (Robert Lifson); p. 23 (from T-B) Scholastic Studio 10/Index Stock Imagery, Lisa Loucks Christenson/www.i-Lisa.com, L.C. Dove, Ted Rose/Unicorn Stock Photos, L.C. Dove, John Fowler, Lisa Loucks Christenson/www.i-Lisa.com; back cover (L-R) L.C. Dove, Ricardo Funari/BrazilPhotos

Every effort has been made to contact copyright holders of any material reproduced in this book. Any omissions will be rectified in subsequent printings if notice is given to the publisher.

Special thanks to our bilingual advisory panel for their help in the preparation of this book:

Anita R. Constantino
Literacy Specialist
Irving Independent School District
Irving, TX

Aurora Colón García
Literacy Specialist
Northside Independent School District
San Antonio, TX

Argentina Palacios
Docent
Bronx Zoo
New York, NY

Leah Radinsky
Bilingual Teacher
Inter-American Magnet School
Chicago, IL

Ursula Sexton
Researcher, WestEd
San Ramon, CA

Contenido

Unas palabras están en negrita, **así.**
Las encontrarás en el glosario en fotos de la página 23.

¿Qué tipo de mascota es ésta?

Las mascotas son animales que viven con nosotros.

Algunas mascotas son pequeñas y peludas.

tortuga pintada

Nuestra mascota es pequeña y tiene un caparazón duro.

¿Puedes adivinar qué tipo de mascota es?

¿Qué son las tortugas pintadas?

carapacho

peto

Las tortugas son **reptiles**.

El caparazón de las tortugas tiene dos partes, llamadas el **carapacho** y el **peto**.

Las tortugas pintadas tienen el caparazón verde con marcas coloridas.

Sus petos son rojos.

¿De dónde vino mi tortuga?

Una madre tortuga puso sus huevos en un **nido**.

Las **crías** salieron del cascarón.

Las crías crecieron hasta tener el tamaño de un bizcocho.

Entonces, compré una en la tienda de mascotas.

¿Qué tamaño tiene mi tortuga?

Cuando nació, mi tortuga era tan grande como la yema de tu dedo.

Ahora tiene el tamaño de un plato.

En la naturaleza, las tortugas pintadas no llegan a ser tan grandes.

No viven una vida tan larga como las tortugas que son mascotas.

¿Dónde vive mi tortuga?

acuario

Las tortugas pintadas pasan la mayoría de su tiempo en el agua.

Necesitan un **acuario** con un charco donde nadar.

En tiempos de calor, las tortugas
pintadas pueden salir al aire libre.

Necesitan agua y tierra y hojas
para esconderse o dormir.

¿Qué come mi tortuga?

Las tortugas comen vegetales, como zanahorias y lechuga.

También comen plantas del agua.

En la naturaleza, las tortugas comen insectos y gusanos.

En la casa, mi tortuga come comida seca para tortugas.

¿Qué más necesita mi tortuga?

Las tortugas necesitan estar bajo el sol para mantenerse calientes.

Por eso, mi **acuario** tiene una lámpara que alumbra a mi tortuga.

Afuera de la casa, necesito proteger a mi tortuga de otros animales.

Los mapaches y los perros son peligrosos para las tortugas.

¿Qué puedo hacer por mi tortuga?

Mantengo limpia la casa de mi tortuga.

Lavo su **acuario** con agua y jabón.

Añado **calcio** a la comida de mi tortuga.

Esto ayuda a mantener fuerte y duro su caparazón.

¿Qué puede hacer mi tortuga?

Algunas personas llaman a las tortugas pintadas "deslizadoras".

Cuando las tortugas ven algún movimiento, se deslizan al agua.

En el jardín, mi tortuga puede esconderse fácilmente.

Sus marcas le ayudan a camuflarse entre las hojas y los arbustos.

Mapa de la tortuga

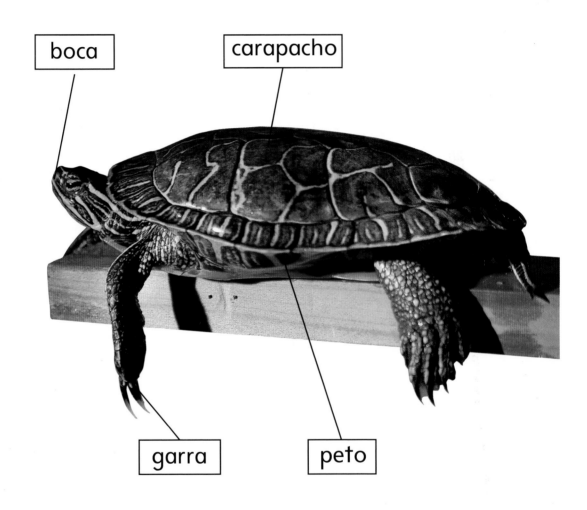

boca

carapacho

garra

peto

Glosario en fotos

acuario
páginas 12, 14, 16, 18
tipo de caja con lados de vidrio donde pueden
vivir las tortugas, los peces u otras mascotas

calcio
página 19
sustancia que puede endurecer los huesos, los
dientes y el caparazón de la tortuga

carapacho
página 6
parte de encima del caparazón de la tortuga

crías
páginas 8, 10
tortugas recién nacidas que han salido
del huevo

nido
página 8
sitio excavado o construido por un animal para
poner sus huevos

peto
páginas 6, 7
parte de abajo del caparazón de la tortuga

reptil
página 6
animal con escamas o caparazón que necesita el
calor del sol para mantenerse caliente

Nota a padres y maestros

Leer para buscar información es un aspecto importante del desarrollo de la lectoescritura. El aprendizaje empieza con una pregunta. Si usted alienta a los niños a hacerse preguntas sobre el mundo que los rodea, los ayudará a verse como investigadores. Cada capítulo de este libro empieza con una pregunta. Lean la pregunta juntos, miren las fotos y traten de contestar la pregunta. Después, lean y comprueben si sus predicciones son correctas. Piensen en otras preguntas sobre el tema y comenten dónde pueden buscar las respuestas. Ayude a los niños a usar el glosario en fotos y el índice para practicar nuevas destrezas de vocabulario y de investigación.

 AVISO: Recuerde a los niños que tengan cuidado al tocar a los animales. Las mascotas posiblemente arañen o muerdan si se encuentran asustadas. Después de tocar a cualquier animal, los niños deben lavar sus manos con agua y jabón.

Índice